AF370206

CODE

DES PATENTES POUR L'AN VII,

AVEC

UN TABLEAU ALPHABÉTIQUE,

Indiquant les Commerce, Arts et Professions assujettis à ce droit, et le Tarif de ces droits suivant la population de chaque Commune.

A l'usage des Corps Administratifs, des Commissaires du Directoire près les Départemens et les Cantons, des Directeurs et Préposés de la Régie de l'Enregistrement.

Prix : 75 Centimes.

A PARIS,

Chez { GUEFFIER jeune, Imprimeur, rue Gît-le-Cœur, n°. 16.
RONDONNEAU, au Dépôt des Loix, place du Carousel.

AN VII.

L O I

Qui maintient la contribution des Patentes, et en règle la perception pour l'an 7.

Du premier brumaire an 7 de la République française une et indivisible.

LE conseil des anciens, adoptant les motifs de la déclaration d'urgence qui précède la résolution ci-après, approuve l'acte d'urgence.

Suit la teneur de la Déclaration d'urgence et de la Résolution du 2 Vendémiaire :

Le conseil des cinq-cents, après avoir entendu le rapport de la commission des finances : considérant que les droits de patentes font partie des recettes destinées aux dépenses de l'an 7, et qu'il est nécessaire d'en assurer promptement la perception,

Déclare qu'il y a urgence.

Le conseil, après avoir déclaré l'urgence, prend la résolution suivante :

ARTICLE PREMIER.

La contribution des patentes est maintenue pour l'an 7 ; elle sera réglée et perçue suivant les dispositions de la présente loi. Les lois des 6 fructidor an 4, 9 frimaire, 9 pluviôse an 5, et 7 brumaire an 6, sont abrogées.

II. Les droits de patente seront perçus conformément au tarif annexé à la présente loi.

III. Dans toute l'étendue de la république, ceux qui exerceront le commerce, l'industrie, les métiers ou professions désignées dans les tarifs annexés à la présente, seront tenus de se munir d'une patente, et de payer les droits fixés pour la classe du tarif à laquelle ils appartiendront, suivant la population de leur commune, ou, sans égard à cette population, pour le commerce, l'industrie, les métiers ou professions mis hors classe dans le tarif.

IV. Les patentes seront prises dans les trois premiers mois de l'année pour l'année entière, sans qu'elles puissent être bornées à une partie de l'année. Ceux qui entreprendront, dans le courant de l'année, un commerce, une profession, une industrie sujets à patente, ne devront le droit qu'au *prorata* de l'année, calculée par trimestre, et sans qu'un trimestre puisse être divisé. Ils seront tenus de payer le *prorata* dans le premier mois de leur établissement. Aucune patente ne sera délivrée au *prorata* que sur le vu du certificat de l'administration municipale du canton, d'après le rapport de l'agent municipal ou de son adjoint de la commune du requérant : ce certificat constatera que le requérant n'a point encore exercé aucun état sujet à patente. Dans les communes où la population excède cinq mille ames, ces certificats seront délivrés par les officiers municipaux ; ils seront présentés au receveur de l'enregistrement lors du paiement, et rapportés avec la quittance aux administrateurs chargés de délivrer la patente.

V. Les droits de patente se divisent en droit *fixes* et en droits *proportionnels*. Les premiers sont ceux réglés par le tarif : les seconds sont le dixième du loyer ou des maisons d'habitation, ou des usines, ou des ateliers, ou des magasins, ou des boutiques, suivant la nature du commerce ou de l'industrie, justifié par baux authen-

A 2

tiques pour les locataires , et par l'extrait du rôle de la contribution foncière , pour les propriétaires , ou d'après la simple déclaration du requérant patente , sauf l'évaluation s'il y a lieu , au défaut de baux et de cote particulière dans le rôle de la contribution pour les lieux destinés au commerce ou à l'exercice de l'industrie et profession du propriétaire de maison.

VI. Les droits fixes et proportionnels doivent être payés par tous ceux qui sont dans les cinq premières classes du tarif, ou dont le droit fixe est de quarante francs et au-dessus, quand leur état est hors de classe. Il n'est dû que le droit fixe par ceux qui sont dans la sixième classe et au-dessous , ou dont l'état , quand il est hors des classes, ne donne lieu qu'à un droit fixe de trente francs et au-dessous.

VII. Les droits de patente seront acquittés en entier , suivant le tarif, entre les mains du receveur de l'enregistrement du domicile du redevable , dans les trois premiers mois de l'an 7. Ce délai passé , les redevables en retard seront contraints : ils seront en conséquence avertis par les receveurs de l'enregistrement. Dix jours après l'avertissement , le paiement sera poursuivi par la saisie et vente des marchandises et meubles des contribuables en retard.

VIII. Les receveurs tiendront un registre particulier de la recette des droits de patente. Il leur sera délivré par le directeur de la régie sur papier non timbré , et sera coté et paraphé par le président de l'administration municipale du canton ou de la commune.

IX. Dans le mois de la publication de la présente , les agens de chaque commune seront tenus de dresser un tableau de tous ceux qui y exercent les commerce , industrie , métiers ou professions désignés par le tarif. Ce tableau contiendra par colonnes les noms, demeures , professions et loyers de ceux qui y sont compris. Une cinquième colonne sera réservée en blanc. Ils remettront ce tableau avant l'expiration du même mois , au commissaire du directoire exécutif près l'administration municipale du canton.

X. Le commissaire présentera le tableau mentionné en l'article ci-dessus à l'administration municipale du canton , dans la séance qui en suivra immédiatement la remise , pour faire remplir la colonne restée en blanc , de la somme due suivant le tarif, et faire arrêter par les administrateurs , le montant des sommes fixées dans le tableau de chaque commune. Il pourra faire , lors de ladite opération , toutes observations et réquisitions qu'il jugera convenables.

XI. Lorsque les tableaux fournis par l'agent de chaque commune auront été arrêtés par l'administration municipale du canton , le commissaire du directoire exécutif près cette administration réunira avec le même ordre , et en laissant une sixième colonne en blanc , dans un tableau général , tous les tableaux de chaque commune de canton , et l'enverra au commissaire du directoire exécutif près l'administration centrale. Il remettra ensuite à chaque agent le tableau particulier de la commune.

XII. Le commissaire du directoire exécutif près l'administration centrale soumettra , sans retard , à cette administration , les tableaux généraux de chaque canton , pour être arrêtés par elles , en lui proposant les observations et faisant toutes réquisitions qu'il jugera convenables , et les enverra au commissaire du directoire exécutif près chaque administration de canton.

XIII. Aussitôt que les commissaires du directoire exécutif près les administrations de canton auront reçus les tableaux arrêtés par l'administration centrale , ils les remettront aux receveurs de l'enregistrement du canton. Ceux-ci feront mention , dans la colonne réservée en blanc , des droits de patentes acquittés ; et après l'expiration du délai fixé par l'article IV , ils poursuivront , pour la totalité des droits, ceux qui ne les auront point acquittés ; et pour le supplément , ceux qui l'auront payé à un taux moins fort que la taxe du tableau.

XIV Dans les communes qui , à raison de leur population , ont pour elles seule une administration municipale , les tableaux mentionnés dans les articles ci-dessus seront dressés par les officiers municipaux , et remis au commissaire du directoire exécutif près cette administration , pour agir conformément à la présente loi.

XV. Les droits de patente seront payés , soit avant la remise des tableaux ci-dessus mentionnés , soit par les citoyens qui n'y seroient pas portés , parce qu'ils auroient changé de domicile ou formé un établissement sujet à patente, postérieurement à la rédaction du tableau.

XVI. En cas de paiement antérieur à la remise des tableaux , il y aura lieu à un supplément, si la taxe du tableau se trouve plus forte que la somme payée.

XVII. Les receveurs dresseront un état particulier des citoyens qui auront payé les droits de patente , et qui ne se trouveroient pas compris dans le tableau général ; ils l'enverront , à la fin de chaque trimestre , au commissaire du directoire exécutif près l'administration municipale du canton , pour qu'il soit vérifié et arrêté de la manière indiquée par les articles X et XI de la présente.

XVIII. Dans la première décade de chaque mois , les receveurs de l'enregistrement , remettront l'état de leurs recettes et de leurs contraintes par chaque commune , au commissaire du directoire exécutif près l'administration municipale du canton ou de la commune , lequel enverra un double certifié par lui au commissaire du directoire exécutif près l'administration centrale. Ce dernier dressera , sur les doubles , l'état général de la recette des patentes du département , et l'adressera chaque mois au ministre des finances.

XIX. Les quittances des receveurs seront échangés contre les patentes , dans les dix jours de leur date.

XX. Les patentes seront expédiées par l'administration municipale du canton ou de la commune. Elles seront signées par un des administrateurs et le secrétaire , et visées par le commissaire du directoire exécutif ; le sceau de l'administration y sera apposé.

XXI. Les quittances et patentes seront sur papier timbré aux frais de ceux à qui elles seront délivrées , et dans la même forme que l'an 5 et en l'an 6. Il ne pourra être perçu aucun autre droit que celui du timbre.

XXII. Il sera tenu par le secrétaire de l'administration municipale , sur papier non timbré , un registre coté et paraphé par le président , sur lequel registre seront inscrites de suite, et par ordre de numéros , toutes les patentes qui seront délivrées. Les quittances seront conservées au secrétariat avec des numéros correspondans à celui de l'inscription sur les registres.

XXIII. Ceux qui se croiront fondés à réclamer , soit contre l'insertion de leurs noms au tableau des redevables du droit de patente, soit sur le taux de la taxe , pourront , ou avant l'avertissement du receveur , ou dans les dix jours de cet avertissement , faire leur réclamation , d'abord à l'administration municipale , ensuite à l'administration centrale. Il y sera statué de la manière prescrite pour les réclamations en matière d'imposition , par l'instruction annexée à la loi du 22 brumaire an 6.

XXIV. Nul ne sera obligé à prendre plus d'une patente , quelles que soient les diverses branches de commerce , profession ou industrie qu'il exerce ou veuille exercer.

Dans ce cas , la patente est due pour le commerce , profession ou industrie qui donne lieu au plus fort droit.

XXV. Les patentes sont personnelles , et ne peuvent servir qu'à ceux qui les obtiennent ; en conséquence , chaque associé d'une même maison de banque , de commerce en gros ou en détail , et de toute autre profession et industrie assujetties à la patente , sera tenu d'avoir la sienne.

Ces dispositions ne s'appliquent pas aux associés en commandite , qui ne sont point assujettis à la patente , ni aux maris et femmes auxquelles une seule patente suffira , en prenant celle de la classe supérieure , s'ils font plusieurs états , et payant le droit proportionnel de tous les lieux qu'ils occuperont , quand il est exigible , à moins qu'il n'y ait entre eux séparation de biens , auquel cas chacun d'eux doit avoir sa patente , et payer séparément les droits fixes et proportionnels.

Quand les associés occuperont en commun la même maison d'habitation , les mêmes usines , ateliers , magasins et boutiques , il ne sera dû qu'un droit proportionnel , qui sera payé en entier par l'un d'eux ; les autres ne paieront que le droit fixe.

XXVI. Tout citoyen qui , après avoir pris une patente , entreprendra un commerce , une profession ou un métier de classe supérieure à celle de sa patente , sera tenu de prendre une nouvelle patente de cette classe , et d'en payer le droit fixe au *prorata* , conformément à l'article IV ci dessus : dans ce cas , il y sera fait déduction du premier droit fixe , et il ne sera pas dû un second droit proportionnel , quand il aura été payé pour la première patente , mais un supplément au *prorata* , s'il y a de nouveaux établissemens d'une valeur locative , supérieure à celle des premiers.

XXVII. Tout citoyen muni d'une patente pourra exercer son commerce , sa profession ou industrie dans toute l'étendue de la république , en payant au receveur de l'enregistrement de toutes les communes où il aura des établissemens , le droit proportionnel pour les maisons d'habitation , usines , ateliers , magasins et boutiques qu'il occupera. La patente lui sera délivrée dans la commune de son domicile , sur la représentation des quittances des receveurs des communes où il aura des établissemens , et il en sera fait mention dans la patente.

XXVIII. Si un citoyen patenté change son domicile pendant le courant de l'année , la patente lui servira dans la nouvelle commune qu'il habitera , en payant au *prorata* le droit proportionnel des maisons d'habitation , usines , ateliers , magasins et boutiques qu'il y prendra , et un supplément aussi au *prorata* du droit fixe , s'il est plus fort pour la même classe dans la nouvelle commune. S'il y avoit changement de classe supérieure , le droit fixe seroit payé au *prorata* , conformément à l'article XXVI ci dessus.

XXIX. Ne sont pas assujettis à la patente ,

1°. Les fonctionnaires publics et employés salariés par la nation , en ce qui concerne seulement l'exercice de leurs fonctions ;

2°. Les laboureurs et cultivateurs , seulement pour la vente des récoltes et fruits provenans des terreins qui leur appartiennent , ou par eux exploités , et pour le bétail qu'ils y élèvent ;

3°. Les commis , les ouvriers journaliers , et toutes personnes à gages , travaillant pour autrui dans les *maisons, ateliers et boutiques de ceux qui les emploient.* Ne sont point réputés ouvriers travaillant *pour le compte d'autrui* , ceux qui travaillent chez eux pour les marchands et fabricans en gros et en détail , ou pour les particuliers , même sans compagnons , enseignes ni boutiques. Ils devront être pourvus de la patente de la sixième classe , ou de celle de leur profession désignée dans le tarif ;

4°. Les peintres , graveurs , sculpteurs , considérés comme artistes , et ne vendant que le produit de leur art ;

5°. Les officiers de santé attachés aux armées , aux hôpitaux ou au service des pauvres , par nomination du gouvernement ou des autorités constituées ;

6°. Les sages femmes ;

7°. Les maîtres de la poste aux chevaux ;

8°. Les pêcheurs ;

9°. Les cardeurs , fileurs de laine et coton , les blanchisseuses et savetiers ; les tripiers ;

10°. Ceux qui vendent en *ambulance* dans les rues , dans les lieux de passage et dans les marchés des communes , les fruits , les légumes , le beurre , les œufs , le fromage , et autres menus comestibles. Tous ceux qui vendront d'autres objets , même en ambulance , échoppe ou étalage , paieront la moitié des droits que paient ceux qui vendent en boutique.

XXX. Sont réputés marchands *en gros* , quel que soit leur commerce , tous ceux qui font des reventes sous les enveloppes usitées , pour les premières entrées dans le commerce , des objets commerçables.

XXXI. Tous citoyens placés , d'après la notoriété publique , sur la liste des citoyens sujets à patentes , soit comme *marchands en gros* , soit comme *associés* à un commerce , et qui se prétendront simplement marchands en détail , commanditaires ou commis , seront admis à justifier , dans le lieu où s'élève la contestation de la nature de leur commerce et de leur véritable qualité , par la représentation de leurs journaux et registres , ainsi que des actes de société.

XXXII. Sont réputés fabricans ou manufacturiers tous ceux qui convertissent des matières premières en des objets d'une autre forme ou qualité , soit simple , soit composée , à l'exception néanmoins de ceux qui manipulent les fruits de leur récolte.

Ils seront tenus de prendre une patente immédiatement supérieure à celle des marchands qui vendent en détail les mêmes objets du genre de ceux qui fabriquent.

XXXIII. Les fabricans à métiers qui n'occupent ou n'entretiennent pas plus de cinq métiers , soit chez eux , soit hors de leur domicile , ne seront assujettis qu'au droit de patente de la cinquième classe.

A l'égard des fabricans qui travaillent par eux-mêmes , sans employer d'ouvriers , et qui , n'ayant ni boutique ni magasin , vendent à fur et à mesure les produits de leurs travaux , ils ne doivent que la patente de la sixième classe.

XXXIV. Les maîtres d'hôtel garni ne payeront en droit proportionnel que le quarantième du prix total de la valeur de leur location et les paumiers le vingtième.

XXXV. Les commerce , industrie et profession qui ne sont pas désignés dans le tarif , n'en seront pas moins assujettis à la patente ; elle sera délivrée sous la désignation de la classe dans laquelle lesdits commerce , industrie ou profession seront placés , d'après l'analogie des opérations ou des objets de commerce , par les administrations chargées de la délivrance des patentes.

XXXVI. Les propriétaires ou principaux locataires sujets au droit de patente , ne devront le droit proportionnel , quand il aura lieu , qu'à raison de la valeur locative des lieux qu'ils occuperont. En cas de difficultés , il pourra être procédé à une évaluation.

XXXVII. Nul ne pourra former de demande , ni fournir aucune exception ou défense en justice , ni faire aucun acte ou signification par acte *extra* judiciaire , pour tout ce qui seroit relatif à son commerce , sa profession ou son industrie , sans qu'il soit fait mention , en tête des actes , de la patente prise , avec désignation de la classe , de la date , du numéro et de la commune où elle aura été délivrée , à peine d'une amende de 500 francs , tant contre les particuliers sujets à la patente , que contre les fonctionnaires publics qui auroient fait ou reçu lesdits actes sans mention de la patente. La condamnation à cette amende sera poursuivie au tribunal civil du département , à la requête du commissaire du pouvoir exécutif près ce tribunal. Le rapport de la patente ne pourra suppléer au défaut de l'énonciation , ni dispenser de l'amende prononcée ci-dessus.

XXXVIII. Tout citoyen qui expose des marchandises en vente , dans quelque lieu que ce soit , est tenu d'exhiber sa patente toutes les fois qu'il en est requis par les juges de paix , commissaires de police , administrateurs , agens ou adjoints municipaux , et commissaires du pouvoir exécutif.

Si celui qui n'est point pourvu de patente , ou qui ne la représente point , vend hors de son domicile , les objets exposés en vente seront saisis ou séquestrés aux frais du vendeur jusqu'à la représentation d'une patente convenable. S'il vend à son domicile, il sera dressé un procès-verbal qui sera envoyé au commissaire du directoire exécutif près l'administration municipale, pour faire poursuivre le contrevenant conformément à la présente loi.

XXXIX. Ceux qui auront besoin de plusieurs expéditions de leur patente, pour en justifier dans d'autres cantons que celui de leur domicile, pourront les requérir, sans autres frais que ceux du papier timbré. Il en sera de même pour ceux qui auront perdu leur patente.

Chaque expédition sera notée par première, seconde, troisième, etc., et sera signée par le patenté, s'il sait signer; dans le cas contraire, il en sera fait mention.

Pour empêcher l'abus des *duplicata*, il sera libre aux administrations de faire vérifier les causes qui donneront lieu à des demandes de *duplicata*, et d'en refuser s'il y a lieu.

XL. Les administrations chargées de la délivrance des patentes sont autorisées à faire descendre dans la classe immédiatement inférieure, ou la suivante, les citoyens qui justifieront l'impossibilité où ils sont d'acquitter les droits de leur classe. L'arrêté pris à ce sujet par les administrations, sera motivé et mentionné dans la patente; il sera envoyé à l'administration centrale, pour être approuvé par elle s'il y a lieu.

XLI. Il sera prélevé, pour contribuer aux dépenses locales de chaque commune, un dixième du produit net des droits de patentes qui auront été payées par les domiciliés de leurs arrondissemens respectifs; ce dixième, dans tous les cas, sera payé en numéraire.

La délivrance en sera faite par les receveurs de l'enregistrement sur ordonnances de l'administration centrale de département. Tous les frais de recouvrement, à la charge de l'administration municipale, seront prélevés sur ce dixième.

XLII. Toutes dispositions de loi contraires à la présente sont abrogées.

La présente résolution sera imprimée.

Signé *Jourdan* (de la Haute-Vienne), président;

A. J. Frison, *Poncet-Delpech*, *Reverchon*, *Taloé*, secrétaires.

Après une seconde lecture, le conseil des anciens, approuve la résolution ci-dessus. Le premier brumaire an 7 de la république française.

Signé, *Decomberousse*, président;

Dubuisson, *Monmayou*, *Cornet*, secrétaires.

Le directoire exécutif ordonne que la loi ci-dessus sera publiée, exécutée, et qu'elle sera munie du sceau de la république. Fait au palais national du directoire exécutif, le 2 brumaire an 7 de la république française.

Pour expédition conforme,

Signé, *Threilhard*, président;

Par le directoire exécutif,

Le secrétaire général, *Lagarde*;

Et scellé du sceau de la République.

(Suit le Tarif.)

TABLEAU ALPHABÉTIQUE

FAIT sur le Tarif du droit de Patentes, dressé en conformité des lois des 6 fructidor an IV, 9 frimaire an V, et 7 brumaire an VI, et sur la loi du premier brumaire an VII, qui maintient la Contribution des Patentes, et en règle la perception pour l'an VII.

1°. Sans égard à la population :

Les Banquiers.. 500 fr.

Les Courtiers de navires et de marchandises, Entrepreneurs de roulage, de voitures publiques par terre et par eau.... } 200

Les Marchands forains avec voitures................... 40

Les Colporteurs avec chevaux et autres bêtes de somme..... 30

Les Colporteurs avec balle, soit qu'ils aient domicile ou non. 20

Les Entrepreneurs ou Directeurs des spectacles, ou autres amusemens publics, dans lesquels les spectateurs paient leurs places... } Une représentation complette, établie d'après le nombre et le prix de chaque place.

2°. Eu égard à la population

Clas. du Tarif	COMMERCE, INDUSTRIE, ARTS et Professions.	DE 100,000 âmes et au-dessus.	DE 50,000 à 100,000.	DE 30,000 à 50,000.	DE 20,000 à 30,000.	DE 10,000 à 20,000.	DE 5,000 à 10,000.	AU dessous de 5,000.
	A.							
I...	Armateurs................. Agens-de-changes............. }	300 fr.	240 fr.	180 fr.	120 fr.	80 fr.	50 fr.	40 fr.
II...	Architectes entrepreneurs de bâ- timens...................... Apothicaires pharmaciens....... }	100	80	60	40	30	25	20
III.	Amidonniers................. Aubergistes.................. }	75	60	45	30	25	20	15
IV.	Armuriers................... Apprêteurs d'étoffes........... }	50	40	30	20	15	10	8
V.	Argenteurs.................. Arpenteurs.................. }	30	24	18	12	8	6	4
	Agens de chaque commune..... Sont tenus de dresser un tableau de tous ceux qui y exercent les commerce, industrie, métiers ou professions, désignés par le tarif (Art. 9 de la loi.)							

B

Clas. du Tarif	COMMERCE, INDUSTRIE, ARTS et Professions.	DE 100,000 ainsi et au-dessus.	DE 50,000 à 100,000.	DE 30,000 à 50,000.	DE 20,000 à 30,000.	DE 10,000 à 20,000.	DE 5,000 à 10,000.	AU dessous de 5,000.
	Administration municipale du canton ou de la commune. Les patentes doivent être expédiées par l'administration, et signées par un des administrateurs et le secrétaire, et visées par le commissaire du Directoire exécutif. (Art. 20 de la loi.)							
	Ambulance dans les rues, dans les lieux de passage, et dans les marchés des communes. Ceux qui vendent ainsi les fruits, les légumes, le beurre, les œufs, le fromage et autres menus comestibles, ne sont point sujets à la patente. (Art. 29 de la loi.)							
	Ambulance, etc. Tous ceux qui vendent d'autres objets, même en ambulance, échoppe ou étalage, paieront la moitié des droits que paient ceux qui vendent en boutique.							
	Administrations chargées de la délivrance des patentes. Sont autorisées à faire descendre dans la classe immédiatement inférieure, ou la suivante, les citoyens qui justifieront l'impossibilité où ils sont d'acquitter les droits de leur classe. (Art. 40 de la loi.)							
	B.							
I...	Bureaux d'affaires. (Voyez Directeurs d'agences.)							
II...	Bijoutiers............ Brasseurs............	100 fr.	80 fr.	60fr.	40 fr.	30 fr.	25 fr.	20 fr.
III..	Billards (maîtres de)......... Bonnetiers............	75	60	45	30	25	20	15
IV..	Bains publics. (Ceux qui tiennent les)......... Boutons. (Marchands de)	50	40	30	20	15	10	8

Clas. du Tarif	COMMERCE, INDUSTRIE, ARTS et Professions.	DE 100,000 ames et au-dessus.	DE 50,000 à 100,000.	DE 30,000 à 50,000.	DE 20,000 à 30,000.	DE 10,000 à 20,000.	DE 5,000 à 10,000.	AU dessous de 5,000.
V....	Boulangers........... Blatiers........... Batteurs et Tireurs d'or........ Bouchonniers........... Baromètres (Marchands de)... Barques) Bateaux } (Constructeurs de).. Batelets) Bourreliers........... Boyaudiers (les)........... Brossiers...........	40 fr.	32 fr.	24 fr.	16 fr.	10 fr.	8 fr.	5 fr.
VI.	Boisseliers........... Bouquinistes...........	30	24	18	12	8	5	4
VII.	Brodeurs........... Balanciers........... Bouviers pour le transport des marchandises........... Bimbelotiers ou marchands de jouets d'enfans........... Blanchisseuses, ne sont point sujettes à la patente........... (Art. 29 de la loi.)	20	16	12	8	5	4	3

C.

Clas. du Tarif	COMMERCE, INDUSTRIE, ARTS et Professions.	DE 100,000 ames et au-dessus.	DE 50,000 à 100,000.	DE 30,000 à 50,000.	DE 20,000 à 30,000.	DE 10,000 à 20,000.	DE 5,000 à 10,000.	AU dessous de 5,000.
I....	Courtiers de change. Commissionnaires de marchandises........... Chiffonniers en gros...........	300	240	180	120	80	50	40
II...	Constructeurs de navires........ Confiseurs...........	100	80	60	40	30	25	20
III.	Cordonniers (marchands)........ Corroyeurs........... Ciriers........... Charcutiers........... Carrossiers........... Cabotage. (les propriétaires de bâtimens faisant le)........... Cartiers.... } Cartonniers. } marchands........ Comestibles (marchands de)...	75	60	45	30	25	20	15

B 2

Clas. du Tarif	COMMERCE, INDUSTRIE, ARTS et Professions.	DE 100,000 âmes et au-dessus.	DE 50,000 à 100,000.	DE 30,000 à 50,000.	DE 20,000 à 30,000.	DE 10,000 à 20,000.	DE 5,000 à 10,000.	AU dessous de 5,000.
IV..	Couteliers................. Couvreurs.................. Chapeliers................ Curiosité. (marchands d'objets de)...... Couleurs. (marchands de)........	50 fr.	40 fr.	30 fr.	20 fr.	15 fr.	10 fr.	8 fr.
V...	Cabaretiers.................. Constructeurs de barques, bateaux et batelets............. Charpentiers................ Charrons.................. Chaussées et routes. (les entrepreneurs de).......... Cartes géographiques. (marchands de .... Cannes. (marchands de)...... Chaudronniers.............. Coffretiers Malletiers........	40	32	24	16	10	8	5
VI..	Cordiers.................... Cremiers. (les)............ Carreleurs. (les)......... Colle. fabriquans de)........ Cordonniers................. Couturières.................	30	24	18	12	8	5	4
VII.	Cloutiers................... Conducteurs de voitures pour le transport des voyageurs ... Charbonniers et marchands de charbon de terre en détail .	20	16	12	8	5	4	3
	Commissaire du directoire exécutif près l'administration municipale de canton							

Commissaire du directoire exécutif près l'administration municipale de canton

Ce qu'il doit faire du tableau que doit dresser l'agent de la commune de tous ceux qui y exercent le commerce, industrie ou professions désignés par le tarif.

(Art. 10 11 12 13 14 de la loi.)

Idem.

Les patentes doivent être visées par lui.

(Art. 20 de la loi.)

Cls. du Tarif	COMMERCE, INDUSTRIE, ARTS et Professions.	DE 100,000 rues et au-dessus.	DE 50,000 à 100,000.	DE 50,000 à 50,000.	DE 20,000 à 50,000.	DE 10,000 à 20,000.	DE 5,000 à 10,000.	AU dessous de 5,000.

Citoyen.

Tout citoyen qui après avoir pris une patente, entreprendra un commerce, une profession ou un métier, de classe supérieure à celle de sa patente, est tenu de reprendre une nouvelle patente de cette classe, et d'en payer le droit fixe au prorata, etc.
(Art. 26 de la loi.)

Idem.

Exerçant son commerce, sa profession ou industrie dans toute l'étendue de la république : ce qu'il doit faire.
(Art. 27 de la loi.)

Idem.

Citoyen patenté changeant son domicile pendant le courant de l'année : ce qu'il doit faire.
(Art. 28 de la loi.)

Cultivateurs et Laboureurs. . . . .

Ne sont point sujets à la patente seulement pour la vente des récoltes et fruits provenans des terreins qui leur appartiennent, ou par eux exploités, et pour le bétail qu'ils y élèvent.
(Art. 29 de la loi.)

Commis, Ouvriers journaliers, et toutes personnes à gages.

Travaillant pour autrui dans les maisons, atteliers et boutiques de ceux qui les emploient, ne sont point sujets à la patente.

Idem.

Ne sont point réputés ouvriers travaillant pour le compte d'autrui, ceux qui travaillent chez eux pour les marchands et fabriquans en gros et en détail, ou pour les particuliers, même sans compagnons, enseignes ni boutiques.

Ils doivent être pourvus de la patente de la sixième classe, ou de celle de leur profession désignée dans le tarif.

Clas. du Tarif	COMMERCE, INDUSTRIE, ARTS et Professions.	DE 100,000 ames et au dessus.	DE 50,000 à 100,000.	DE 50,000 à 50,000.	DE 20,000 à 50,000.	DE 10,000 à 20,000.	DE 5,000 à 10,000.	AU dessous de 5,000.
	Cardeurs............................ *Ne sont point sujets à la patente.* (Art. 35 de la loi.)							
	Commerce, industrie et professions non désignés dans le tarif. *Sont sujets à la patente.* (Voir ledit art. 35.)							
	D.							
I...	Directeurs d'établissemens de vente à l'encan................... *Idem.* D'agences, ou bureaux d'affaires....................	300 fr.	240 fr.	180 fr.	120 fr.	80 fr.	50 fr.	40 fr.
II...	Distillateurs....................	100	80	60	40	30	25	20
III..	Détenteurs, fermiers ou entrepreneurs de bacs sur les fleuves et rivières....................	75	60	45	30	25	20	15
IV...	Dentistes....................	50	40	30	20	15	10	8
V....	Déchireurs de bateaux..........	40	32	24	16	10	8	5
VI...	Dégraisseurs.................... Doreurs.................... Distillateurs d'eau-forte.........	30	24	18	12	8	5	4
	E.							
I...	Entrepreneurs, fournisseurs et munitionnaires de la république. *Idem.* D'établissemens de ventes à l'encan....................	300	240	180	120	80	50	40
III..	Entrepreneurs, fermiers ou détenteurs de bacs sur les fleuves et rivières....................	75	60	45	30	25	20	15
IV..	Ébénistes.................... Éperonniers.................... Épiciers....................	50	40	30	20	15	10	8
V...	Éventaillistes.................... Entrepreneurs de vidanges...... *Idem.* De pavé.................... *Idem.* Des chaussés et routes....	40	32	24	16	10	8	5
VI..	Eaux minérales, marchands desd.	30	24	18	12	8	5	4
VII.	Épingliers....................	20	16	12	8	5	4	3

Clas. du Tarif	COMMERCE, INDUSTRIE, ARTS et Professions.	DE 100,000 francs et au-dessus.	DE 50,000 à 100,000.	DE 50,000 à 50,000.	DE 20,000 à 50,000.	DE 10,000 à 20,000.	DE 5,000 à 10,000.	AU dessous de 5,000.
	Employés salariés par la nation. Ne sont point sujets à la patente en ce qui concerne seulement l'exercice de leurs fonctions. (Art. 29 de la loi.)							
	F.							
I...	Fournisseurs de la République. (Voyez entrepreneurs de la république.)							
III..	Fourreurs. (marchands) ...... Fermiers ou entrepreneurs, ou détenteurs de bacs sur les fleuves et rivières............ Fabriquans d'eau-de-vie.......	75 fr.	60 fr.	45 fr.	30 fr.	25 fr.	20 fr.	15 fr.
IV...	Fripiers................. Fleurs artificielles (marchands de)................ Faïenciers. (marchands)..... Fabriquans de couvertures de soie, coton ou laine...........	50	40	30	20	15	10	8
V...	Facteurs d'instrumens de physique, d'astronomie et de mathématiques......... Ferblantiers............. Fumistes................	40	32	24	16	10	8	5
VI...	Fourbisseurs............ Fondeurs................ Fruitiers en boutique......... Fabriquans à métiers pour leur compte............... Friseurs de laine......... Fabriquans de colle..........	30	24	18	12	8	5	4
VII..	Férailleurs.............. Fontainiers..............	20	16	12	8	5	4	3
	Fabriquans à métiers qui n'occupent ou n'entretiennent pas plus de cinq métiers, soit chez eux, soit hors de leur domicile.... (Art. 33 de la loi.)	40	32	24	16	10	8	5
	Fonctionnaires publics salariés par la nation. Ne sont point sujets à la pa-							

Cl. du Tarif	COMMERCE, INDUSTRIE, ARTS et Professions.	DE 100,000 âmes et au-dessus.	DE 50,000 à 100,000.	DE 50,000 à 50,000.	DE 30,000 à 30,000.	DE 10,000 à 20,000.	DE 5,000 à 10,000.	AU dessous de 5,000.
	tente, en ce qui concerne seulement l'exercice de leurs fonctions. *(Art. 29 de la loi.)*							
	Fileurs de laine et coton......... Ne sont point sujets à la patente.							
	Fabriquans ou Manufacturiers.. Sont ceux qui convertissent des matières premières en des objets d'une autre forme ou qualité, soit simple, soit composée, à l'exception néanmoins de ceux qui manipulent les fruits de leur récolte. Ils sont tenus de prendre une patente immédiatement supérieure à celle des marchands qui vendent en détail les mêmes objets du genre de ceux qui fabriquent. *(Art. 32 de la loi.)*							
	G.							
IIᵉ.	Gaziers........................	75 fr.	60 fr.	45 fr.	30 fr.	25 fr.	20 fr.	15 fr.
IV..	Gantiers.......................	50	40	30	20	15	10	8
V...	{ Gravures et tableaux en boutique. (Marchands de)............. Galonniers................... }	40	32	24	16	10	8	5
VI..	{ Grainiers.................... Graissiers.................... }	30	24	18	12	8	5	4
VII.	{ Graveurs sur métaux.......... Galochiers................... }	20	16	12	8	5	4	3
	Graveurs, Peintres, Sculpteurs. Considérés comme artistes, et ne vendent que le produit de leur art, ne sont point sujets à la patente. *(Art. 29 de la loi.)*							
	H.							
II .	Horlogers......................	100	80	60	40	30	25	20
III..	Hôtels garnis. (Maître d'). Voyez Marchans en détail............	75	60	45	35	25	20	15

Huissiers

Clas. du Tarif.	COMMERCE, INDUSTRIE, ARTS et Professions.	DE 100,000 francs et au-dessus.	DE 50,000 à 100,000.	DE 30,000 à 50,000.	DE 20,000 à 30,000.	DE 10,000 à 20,000.	DE 5,000 à 10,000.	AU dessous de 5,000.
III.	Huissiers. (les) .... Huissiers-priseurs............	75 fr.	60 fr.	45 fr.	30 fr.	25 fr.	20 fr.	15
VI.	Herboristes................	30	24	18	12	8	5	4

I.

Clas. du Tarif.	COMMERCE, INDUSTRIE, ARTS et Professions.	DE 100,000 francs et au-dessus.	DE 50,000 à 100,000.	DE 30,000 à 50,000.	DE 20,000 à 30,000.	DE 10,000 à 20,000.	DE 5,000 à 10,000.	AU dessous de 5,000.
II..	Joailliers................ Imprimeurs................	100	80	60	40	30	25	20
III.	Jaugeurs de liquides..........	75	60	45	30	25	20	15
VI.	Imprimeurs en taille-douce.....	30	24	18	12	8	5	4

L.

Clas. du Tarif.	COMMERCE, INDUSTRIE, ARTS et Professions.	DE 100,000 francs et au-dessus.	DE 50,000 à 100,000.	DE 30,000 à 50,000.	DE 20,000 à 30,000.	DE 10,000 à 20,000.	DE 5,000 à 10,000.	AU dessous de 5,000.
II..	Lapidaires................	100	80	60	40	30	25	20
III.	Limonadiers................	75	60	45	30	25	20	15
IV.	Loueurs de chevaux et de voitures suspendues................ Libraires................	50	40	30	20	15	10	8
V..	Lingères. (Marchandes)...... Layetiers................ Lunetiers................ Luthiers................	40	32	24	16	10	8	5
VI.	Lamiers. (les)................ Laveurs de cendre............	30	24	18	12	8	5	4
	Laboureurs et cultivateurs...... Ne sont point sujets à la patente, seulement pour la vente des récoltes et fruits provenant des terreins qui leur appartiennent, ou par eux exploités, et pour le bétail qu'ils y élèvent. (Art. 29 de la loi.)							

M.

Clas. du Tarif.	COMMERCE, INDUSTRIE, ARTS et Professions.	DE 100,000 francs et au-dessus.	DE 50,000 à 100,000.	DE 30,000 à 50,000.	DE 20,000 à 30,000.	DE 10,000 à 20,000.	DE 5,000 à 10,000.	AU dessous de 5,000.
I..	Munitionnaires de la République. (Voyez entrepren. de la République.) Marchands de charbon de terre en gros................ Sont réputés marchands en gros, quel que soit leur commerce, tous ceux qui font des reventes sous les enveloppes usitées, pour les premières entrées dans le commerce, des objets commerçables. (Art. 30 de la loi.)	300	240	180	120	80	50	40

C

Clas. du Tarif	COMMERCE, INDUSTRIE, ARTS et Professions.	DE 100,000 ames et au-dessus.	DE 50,000 à 100,000.	DE 30,000 à 50,000.	DE 20,000 à 30,000.	DE 10,000 à 20,000.	DE 5,000 à 10,000.	AU dessous de 5,000.
I. .	*Idem.* de bois en chantier ou magasin, ou exploitant vente dans les bois, forêts et plantations de la République, des communes ou des particuliers. *Idem.* de bois de marine. Marchands en gros de 　Draperies. 　Merceries. 　Soieries. 　Étoffes de coton. 　Toileries. 　Libons. 　Mousselines. 　Gazes. 　Dentelles. 　Acier. 　Fer et autres métaux. 　Quincaillerie. 　Vins. 　Liqueurs. 　Vinaigre. 　Épiceries. 　Drogueries. 　Cuirs et peaux. Marchands Tanneurs.	300 fr.	240 fr.	180 fr.	120 fr.	80 fr.	50 fr.	40 fr.
II. .	Marchands en détail de 　Draperies. 　Étoffes de soie. 　Toileries. 　Étoffes de coton. 　Mousselines. S'ils en font leur principal commerce. Marchands merciers en détail. Manchonniers.	100	80	60	40	30	25	20
III. .	Marchands en détail de 　Libons. 　Gazes. 　Dentelles. 　Drogueries et teintures. 　Amidonniers. 　Tanneurs. 　Corroyeurs.	75	60	45	30	25	20	15

Clas. du Tarif	COMMERCE, INDUSTRIE, ARTS et Professions.	DE 100,000 ames et au-dessus.	DE 50,000 à 100,000.	DE 50,000 à 50,000.	DE 20,000 à 30,000.	DE 10,000 à 20,000.	DE 5,000 à 10,000.	AU dessous de 5,000.

III.	Marchands en détail
	    Ciriers............
	    Charcutiers..........
	    Pâtissiers............
	Maîtres d'hôtels garnis.........
	    Les maîtres-d'hôtels garnis ne paieront en droit que le quarantième du prix total de la valeur de leur location.
	    (Art. 34 de la loi.)
	Marchands de papiers..........
	Marchands de chevaux et autres bêtes de somme...........
	Marchands de bœufs, de vaches, veaux, moutons et cochons....
	Maîtres de billards..........
	    Paumiers............
	    Les Paumiers ne paieront en droit proportionnel que le vingtième du prix total de la valeur de leur location.
	    (Art. 34 de la loi.)
	    Limonadiers...........
	    Carossiers............
	Marchands de laine, fil et coton, en détail............
	Idem. De grains, autres que ceux de leur récolte...........
	Idem. de comestibles........
		75 fr.	60 fr.	45 fr.	30 fr.	25 fr.	20 fr.	15 fr.

IV.	Marchands de bois, n'exploitant point de ventes dans les bois, forêts et plantations de la République et des particuliers, et n'ayant ni chantier, ni magasin............
	Marchands de meubles..........
	Idem. D'écorce, tan et tourbe..
	Marchands en détail de
	    Fer............
	    Acier et autres métaux..
	    Épiceries............
	    Quincailleries..........
	    Cuirs et peaux..........
	    Chapeliers............
		50	40	30	20	15	10	8

Clas. du Tarif	COMMERCE, INDUSTRIE, ARTS et Professions.	DE 100,000 âmes et au-dessus.	DE 50,000 à 100,000.	DE 30,000 à 50,000.	DE 20,000 à 30,000.	DE 10,000 à 20,000.	DE 5,000 à 10,000.	AU dessous de 5,000.
IV.	Marchands en détail de Bonneteries............	50 fr.	40 fr.	30 fr.	20 fr.	15 fr.	10 fr.	8 fr.
	Loueurs de chevaux et de voitures suspendues...							
	Marchands de papiers peints....							
	Idem. De ver et verroterie......							
	Idem. De porcelaines et cristaux							
	Modes.................							
	Plumes peintes.........							
	Fleurs artificielles......							
	Perruquiers coëffeurs de femmes.............							
	Selliers...............							
	Parfumeurs............							
	Libraires							
	Officiers de santé.......							
	Dentistes							
	Gantiers..............							
	Modes. (voyez ci-dessus)....							
	Mesureurs de sel........							
	Idem. De toiles et autres étoffes.							
	Maîtres de traçons.......							
	Marchands de couleurs......							
	Idem. De boutons........							
V...	Meuniers............	40	32	24	16	10	8	5
	Marchands de tableaux et gravures en boutique......							
	Marchandes lingères.....							
	Miroitiers...........							
	Marchands de baromètres......							
	de Briques.........							
	Ardoises...........							
	Tuiles.............							
	Plâtre.............							
	Chaux............							
	Taillies...........							
	Mégissiers...........							
	Menuisiers...........							
	Marchands de chanvre, lin et filasse							
	Idem. de Résine...........							
	Poudre à tirer.........							

Clas. du Tarif	COMMERCE, INDUSTRIE, ARTS et Professions.	DE 100,000 et au-dessus	DE 50,000 à 100,000.	DE 30,000 à 50,000	DE 20,000 à 30,000.	DE 10,000 à 20,000.	DE 5,000 à 10,000.	AU dessous de 5,000.
V..	Marchands de Cordes et cordages, de chocolat, de macaroni, et autres pâtes de la même nature........ Mariniers en chef............ Musique. (marchands de)...... Marchands de cannes...........	40 fr.	32 fr.	24 fr.	16 fr.	10 fr.	8 fr.	5 fr.
VI.	Marbriers............ Marchands d'eaux minérales.... Maréchaux ferrans........... Métiers. (Fabricans pour leur compte à)........... Marchands de tabac........... *Idem.* De gibiers, de volailles et de fourrages........... *Idem.* De salins et potasse...... *Idem.* De parasols........... *Idem.* De peaux pour l'habillement de l'armement...........	30	24	18	12	8	5	4
VII.	Marchands de poissons frais et salé........... *Idem.* De sabots........... *Idem.* De sel...........	20	16	12	8	5	4	3

Maîtres de la poste aux chevaux. Ne sont pas sujets à la patente (Art. 29 de la loi)

N.

Clas. du Tarif		DE 100,000 et au-dessus	DE 50,000 à 100,000.	DE 30,000 à 50,000	DE 20,000 à 30,000.	DE 10,000 à 20,000.	DE 5,000 à 10,000.	AU dessous de 5,000.
I..	Négocians............	300	240	180	120	80	50	40
II..	Notaires............	100	80	60	40	30	25	20
III.	Nattiers. (les)............	30	24	18	12	8	5	4

O.

Clas. du Tarif		DE 100,000 et au-dessus	DE 50,000 à 100,000.	DE 30,000 à 50,000	DE 20,000 à 30,000.	DE 10,000 à 20,000.	DE 5,000 à 10,000.	AU dessous de 5,000.
II..	Orfèvres............	100	80	60	40	30	25	20
IV..	Officiers de santé.........	50	40	30	20	15	10	8
V..	Opticiens............	40	32	24	16	10	8	5

Ouvriers journaliers, et toutes personnes à gages, travaillant pour autrui, dans les maisons,

Clas. du Tarif	COMMERCE, INDUSTRIE, ARTS et Professions.	DE 100,000 âmes et au-dessus.	DE 50,000 à 100,000.	DE 50,000 à 50,000.	DE 20,000 à 50,000.	DE 10,000 à 20,000.	DE 5,000 à 10,000.	AU dessous de 5,000.
	ateliers et boutiques de ceux qui les emploient, *Ne sont point sujets à la patente.* (Art. 29 de la loi)							
	Idem. Ne sont pas réputés ouvriers travaillant pour le compte d'autrui, ceux qui travaillent chez eux pour les marchands fabricans en gros et en détail, ou pour les particuliers, même sans compagnons, enseignes, ni boutiques. Ils doivent être pourvus de la patente de la sixième classe, ou de celle de leur profession désignée dans le tarif. (Art. 29 de la loi.)							
	Officiers de santé attachés aux armées, aux hôpitaux ou au service des pauvres, par nomination du gouvernement ou des autorités constituées. *Ne sont point sujets à la patente.* (Art. 29 de la loi.)							
	P.							
III.	Pâtissiers. Papetiers, (Marchands. Paumiers. Peseurs jurés.	75 fr.	60 fr.	45 fr.	30 fr.	25 fr.	20 fr.	15 fr.
IV.	Plombiers. Papiers peints, (Marchands de). Plumes peintes. (Voyez Marcth. en détail, quatrième classe. Perruquiers coëffeurs de femmes. Parfumeurs.	50	40	30	20	15	10	8
V.	Pavé, (les entrepreneurs de). Poëliers.	40	32	24	16	10	8	5
VI.	Parcheminiers. Potiers d'étain. Potiers de terre. Plâtriers. Parasols, (Marchands de).	30	24	18	12	8	5	4

Clas. du Tarif.	COMMERCE, INDUSTRIE, ARTS et Professions.	DE 100,000 âmes et au-dessus.	DE 50,000 à 100,000.	DE 30,000 à 50,000.	DE 20,000 à 30,000.	DE 10,000 à 20,000.	DE 5,000 à 10,000.	AU dessous de 5,000.
VII.	Passementiers .... Perruquiers .... Patachiers. (les) .... Pompiers .... Patentes	20 fr.	16 fr.	12 fr.	8 fr.	5 fr.	4 fr.	3 fr.

Les droits doivent être payés d'après le tarif, suivant la population, ou sans égards à cette population, pour le commerce, industrie, les métiers ou professions mis hors la classe dans le tarif.

(Art. 3 de la loi.)

Délai dans lequel doivent être prises les patentes, soit pour l'année entière, soit pour une partie de l'année.

(Art. 4 de la loi.)

Manière d'en fixer et payer le droit.

Formalités à ce sujet.

Les droits de patentes se divisent en droits fixes et en droits proportionnels.

Les premiers sont ceux réglés par le tarif.

Les seconds sont le dixième du loyer ou des maisons d'habitation, etc.

Manière de constater les loyers.

1°. Pour les locataires.

2°. Pour les propriétaires.

(Art. 5 de la loi.)

Les droits fixes et proportionnels doivent être payés par tous ceux qui sont dans les cinq premières classes du tarif, et dont le droit fixe est de quarante francs et au-dessus, quand leur état est hors de classe.

Il n'est dû que le droit fixe pour ceux qui sont dans la sixième classe et au-dessous, ou dans l'état, quand il est hors de classe, ne donne lieu qu'à un droit fixe de trente francs et au-dessous.

(Art. 6 de la loi.)

Les droits doivent être acquittés en entier entre les mains du

Clas. du Tarif	COMMERCE, INDUSTRIE, ARTS Et Professions.	DE 100,000 ames et au-dessus.	DE 50,000 à 100,000.	DE 50,000 à 50,000.	DE 20,000 à 50,000.	DE 10,000 à 20,000.	DE 5,000 à 10,000.	AU dessous de 5,000.
	receveur de l'enregistrement du domicile du redevable. Délai pour les payer. (Art. 7 de la loi.)							
	Les patentes doivent être expédiées par l'administration municipale du canton ou de la commune. Elles doivent être signées par un des administrateurs et le secrétaire, et visées par le commissaire du Directoire exécutif. (Art. 20 de la loi.)							
	Nul n'est obligé à prendre plus d'une patente, quelles que soient les diverses branches de commerce, profession ou industrie qu'il exerce ou veuille exercer. Dans ce cas, la patente est due pour le commerce, profession ou industrie qui donne lieu au plus fort droit. (Art. 24 de la loi.)							
	Les patentes sont personnelles, et ne peuvent servir qu'à ceux qui les obtiennent. (Voir l'art. 25 de la loi)							
	Voir le mot citoyen. Ne sont point sujets à la patente, les dénommés en l'article 29 ci contre: voir les mots qui suivent :							
	Fonctionnaires publics.							
	Employés.............							
	Laboureurs...........							
	Cultivateurs..........							
	Commis..............							
	Ouvriers journaliers, personnes à gages.							
	Peintres.............							
	Graveurs.............							
	Sculpteurs...........							
	Officiers de santé.....							
	Sages femmes........							
	Maîtres de la poste aux chevaux...........							

Pêcheurs

Clas. du Tarif	COMMERCE, INDUSTRIE, ARTS Et Professions.	DE 100,000 francs et au-dessus.	DE 50,000 à 100,000.	DE 30,000 à 50,000.	DE 20,000 à 30,000.	DE 10,000 à 20,000.	DE 5,000 à 10,000.	AU dessous de 5,000.
	Pêcheurs................							
	Cardeurs..............							
	Fileurs de laine et coton..............							
	Blanchisseuses........							
	Savetiers.............							
	Tripiers...............							
	Ambul. dans les rues. (Art. 29 de la loi.)							
	Peintres, ne sont point sujets à la patente.................							
	Pêcheurs, idem............							
	Propriétaires ou principaux locataires sujets au droit de patente. Ne devront le droit proportionnel, quand il aura lieu, qu'à raison de la valeur locative des lieux qu'ils occuperont. (Art. 36 de la loi.)							
	Q.							
IV..	Quincailliers................	50 fr.	40 fr.	30 fr.	20 fr.	15 fr.	10 fr.	8 fr.
	R.							
II...	Restaurateurs................	100	80	60	40	30	25	20
III..	Rotisseurs............ Rubans. (Marchands de)......	75	60	45	30	25	20	15
IV...	Routes et chaussées. (les entrepreneurs des).............	40	32	24	16	10	8	5
VI..	Rubaniers............ Revendeuses............ Restaurateurs de tableaux.....	30	24	18	12	8	5	4
VII.	Relieurs................	20	16	12	8	5	4	3
	Recoveurs du droit d'enregistrement. Ce qu'ils doivent faire relativement au droit de patente. (Art. 17 18 19 de la loi.)							
	Réclamations. Délai dans lequel elles doivent être faites. (Art. 17, 18, 19 de la loi.)							

D

Clas. du Tarif	COMMERCE, INDUSTRIE, ARTS Et Professions.	DE 100,000 aînes et au-dessus.	DE 50,000 à 100,000.	DE 50,000 à 50,000.	DE 30,000 à 30,000.	DE 10,000 à 20,000.	DE 5,000 à 10,000.	AU dessous de 5,000.
	Manière de résoudre les contestations qui pourroient s'élever sur les réclamations. (Art. 23 , 31 de la loi.)							
	S.							
IV	Serruriers. Selliers. Sel. (Mesureurs de)	5o fr.	4o fr.	3o fr.	2o fr.	15 fr.	1o fr.	8 fr.
	Sages-femmes. Ne sont point sujets à la patente. (Art. 29 de la loi.)							
	Savetiers. *Idem*							
	T.							
II	Traiteurs	100	8o	6o	40	3o	25	2o
III	Tapissiers. Tailleurs. (Marchands Tanneurs. (Voyez marchands en gros et en détail)	75	6o	45	3o	25	20	15
IV	Taillandiers. Tracons. (Maîtres de)	5o	40	3o	20	15	10	8
V	Tableaux et gravures en boutique. (marchands de) Tourneurs sur métaux Tabletiers	40	32	24	16	10	8	5
VI	Tondeurs de laine. Teinturiers. Tonnelliers	3o	24	18	12	8	5	4
VII	Tailleurs. Tourneurs en bois. Tisserands. Tailleurs de pierres	20	16	12	8	5	4	3
	Tripiers. (les) Ne sont point sujets à la patente. (Art. 29 de la loi.)							
	V.							
V	Vidanges (Entrepreneurs de)	40	32	24	16	10	8	5

Clas. du Tarif	COMMERCE, INDUSTRIE, ARTS Et Professions.	DE 100,000 ames et au-dessus.	DE 50,000 à 100,000.	DE 50,000 à 50,000.	DE 20,000 à 50,000.	DE 10,000 à 20,000.	DE 5,000 à 10,000.	AU dessous de 5,000.
VI..	{ Vanniers............ { Voiliers. (les)..........	3o fr.	24 fr.	18 fr.	12 fr.	8 fr.	5 fr.	4 fr.
VII..	{ Vitriers.......... { Vendeurs de bierre, cidre et eau-de vie en détail.......... { Voituriers pour les transports de marchandises..........	20	16	12	8	5	4	3